TIME
FOR KIDS

Siglo XX:
CARRERA HACIA LA LUNA

Stephanie Paris

Consultores

Timothy Rasinski, Ph.D.
Kent State University

Lori Oczkus
Consultora de alfabetización

Matt Heverly
Ingeniero de la NASA

Basado en textos extraídos de
TIME For Kids. *TIME For Kids* y el logotipo
de *TIME For Kids* son marcas registradas
de TIME Inc. Utilizados bajo licencia.

Créditos de publicación

Dona Herweck Rice, *Jefa de redacción*
Conni Medina, *Directora editorial*
Lee Aucoin, *Directora creativa*
Jamey Acosta, *Editora principal*
Lexa Hoang, *Diseñadora*
Stephanie Reid, *Editora de fotografía*
Rane Anderson, *Autora colaboradora*
Rachelle Cracchiolo, *M.S.Ed.,*
   Editora comercial

Créditos de imágenes: pág. 17 (arriba)
Alamy; pág. 10 (derecha) The Bridgeman
Art Library; págs. 8–9 Corbis; págs. 4, 11
(derecha), 40, 50 Getty Images; págs. 6,19
(abajo) iStockphoto; págs. 2–3, 4–5, 7
(derecha), 10 (medio), 12-13, 19 (arriba),
20, 28, 29 (arriba), 30–45, 48–49, 49, 54–61
NASA; pág. 44 NASA/U.S. Customs and
Border Patrol; pág. 10 (izquierda) Newscom;
pág. 12 AFP/Newscom; págs. 16, 59
akg-images/RIA Nowosti/Newscom; págs.
11 (izquierda), 18 ITAR-TASS/Newscom;
pág. 21 REUTERS/Newscom; pág. 15 Rick
Davis/Splash News/Newscom; págs. 6–7,
10–11, 24, 28–29, 47 (izquierda), 50–51,
53–54 Photo Researchers Inc.; págs. 14–15,
53 (ilustraciones) Kevin Panter; pág. 43
(ilustraciones) Timothy J. Bradley; todas las
demás imágenes de Shutterstock.

Teacher Created Materials

5301 Oceanus Drive
Huntington Beach, CA 92649-1030
http://www.tcmpub.com

ISBN 978-1-4333-7132-5
© 2013 Teacher Created Materials, Inc.

TABLA DE CONTENIDO

LA CARRERA ESPACIAL

Hoy en día, la mayoría de las personas tienen teléfono celular. La televisión vía **satélite** es común. Todos los libros de texto de ciencias tienen fotos de la Tierra vista desde el espacio exterior. Pero, hace solo 60 años, ninguna de estas cosas era posible. En la década de 1950 no podíamos enviar objetos más allá de la atmósfera de la Tierra.

Después, enviamos a los humanos al espacio. Incluso logramos que los **astronautas** descendieron en la Luna. Esta fue una época de descubrimientos y grandes logros. También lo fue de mucho trabajo. Los científicos de todo el mundo se reunieron en los Estados Unidos y la **Unión Soviética**. Lo intentaron, fracasaron y aprendieron. Algunos de ellos llevaron a cabo el sacrificio definitivo. Dieron sus vidas por esta causa. Pero, al final, lo que lograron sigue siendo grandioso.

PARA PENSAR

- ¿Qué fue la **carrera espacial**?
- ¿Qué dificultades afrontó la NASA para enviar a las personas a la Luna?
- ¿Qué se necesita para ser astronauta?

GUERRA FRÍA, ALTA TECNOLOGÍA

Durante la Segunda Guerra Mundial, los científicos construyeron **cohetes** impresionantes. Eran suficientemente potentes como para lanzar bombas a países lejanos. Pero los científicos se preguntaban si podían usarlos para algo más. ¿Eran suficientemente potentes como para lanzarlos al espacio exterior? Siempre hemos tenido curiosidad por saber qué hay más allá de la Tierra. Al final de la guerra, los científicos estadounidenses y soviéticos comenzaron a trabajar para alcanzar esta meta. Pero estos países eran enemigos. No confiaban el uno en el otro. Este período de la historia se llamó la **Guerra Fría**. En lugar de trabajar juntos, los países comenzaron a competir. Ambos querían ganar la carrera espacial.

LA CARRERA

La carrera espacial entre los Estados Unidos y la **Unión de Repúblicas Socialistas Soviéticas (URSS)** duró desde 1957 hasta 1969.

el Sputnik 1, el primer satélite construido por el hombre

LOS SOVIÉTICOS

Los soviéticos eran quienes vivían en la URSS desde 1917 hasta 1991. Formaban un grupo político poderoso.

LOS MISILES

Durante la Guerra Fría, la URSS y los Estados Unidos construyeron miles de **misiles** nucleares. Cada país quería tener armas más poderosas que el otro. Pensaban que eso los mantendría a salvo de los ataques. La misma tecnología usada para lanzar misiles también envía cohetes al espacio. Estos eran tiempos peligrosos. Pero cada misil lanzado nos enseñaba más acerca de cómo explorar el espacio.

ASTROESPÍAS

Durante la Guerra Fría, ambos países usaron sus programas espaciales para espiarse entre sí. Era peligroso. Si un espía era atrapado, esto significaba el encarcelamiento o algo peor: la muerte. Estas son algunas de las misiones secretas desarrolladas para los astronautas y sus cámaras de vigilancia.

- Capturar o destruir un satélite.

- Determinar el número de armas y aviones en tierra.

- Practicar para batallas en el espacio.

- Poner en órbita una estación espía, equipada con una cámara del tamaño de un automóvil.

"Lo que hace que la amenaza soviética sea única en la historia es su inclusividad. Todas las actividades humanas se usan como armas de expansión. El comercio, el desarrollo económico, el poder militar, las artes, la educación, la totalidad del mundo de las ideas.... En resumen, los soviéticos están emprendiendo una guerra fría total".

—Presidente Dwight D. Eisenhower, 1958

prueba de lanzamiento de un misil

LA SORPRESA DE OCTUBRE

El 4 de octubre de 1957, los científicos soviéticos conquistaron su primer gran éxito en la carrera espacial. Lanzaron el Sputnik 1. Este fue el primer satélite artificial de la Tierra. Era la primera cosa no natural que giraba alrededor del planeta. Este hecho tomó a los Estados Unidos por sorpresa. Los estadounidenses estaban trabajando en su propio satélite. Pero todavía no estaba listo. Pronto, los soviéticos lograron una sucesión de avances sorprendentes. La competencia aumentaba. Y los Estados Unidos se estaban quedando atrás.

AVANCES FAMOSOS

El primer perro en el espacio
Laika, 3 de noviembre de 1957

El primer hombre en el espacio
Yuri Gagarin, 12 de abril de 1961

El primer satélite estadounidense
Explorer 1, 31 de enero de 1958

96 MINUTOS

Ese es el tiempo que tardó el Sputnik 1 en girar en torno a la Tierra una vez.

La primera mujer en el espacio

Valentina Tereshkova, 16 de junio de 1963

La primera caminata en el espacio

Alexei Leonov, 18 de marzo de 1965

"Creo que esta nación debe comprometerse a alcanzar la meta, antes de que termine esta década, de que un hombre llegue en la Luna y regrese sano y salvo a la Tierra". En 1961, el presidente John F. Kennedy presentó este desafío a los estadounidenses. Sabía que sería difícil. Pero dijo: "Ningún proyecto espacial será más... impresionante para la humanidad". Fijarse una meta puede ayudar a las personas a organizarse. Puede motivarlas. Y puede hacer que se esfuercen más. El programa Apolo se diseñó para hacer realidad la idea de Kennedy.

TRABAJO EN EQUIPO FRUSTRADO

El presidente Kennedy quería encontrar la forma de que los científicos estadounidenses y soviéticos trabajaran juntos. Pensó que sería más fácil llegar a la Luna si compartían información. No obstante, el 22 de noviembre de 1963, el presidente Kennedy fue **asesinado**. Su sueño de que los Estados Unidos y la Unión Soviética trabajaran juntos tuvo que posponerse 30 años más.

Cuando los estadounidenses alunizaron en la Luna, el programa Apolo ya costaba $24 mil millones.

¿QUÉ HAY DETRÁS DE UN NOMBRE?

El programa espacial de los Estados Unidos recibió su nombre del antiguo dios griego Apolo. Se creía que era el dios del Sol y que movía el astro por el cielo cada día.

El Centro Espacial John F. Kennedy

El presidente Kennedy hizo que ir al espacio fuera una prioridad nacional. Esta es una de las razones por las que el centro espacial de Florida lleva su nombre. Desde 1968, la Administración Nacional de Aeronáutica y del Espacio (NASA) ha lanzado la mayoría de sus misiones desde el Centro Espacial John F. Kennedy. Si te encuentras cerca de allí, puedes hacer una visita turística. ¿Qué te gustaría ver primero?

Jardín de los cohetes

Da un paseo por el jardín de los cohetes para comparar los primeros cohetes en los que la NASA envió astronautas al espacio.

Tienda espacial

Café Orbit

Instalación para simulacros de lanzamiento de un transbordador

Ponte el cinturón para un viaje en el simulador y experimenta los sonidos, los paisajes y la fuerza de empuje al ser lanzado hacia el espacio.

Encuentro con un astronauta

Conoce a un astronauta retirado y entérate, de primera mano, cómo es ir al espacio.

Examina el equipo de misiones pasadas.

HÉROES DE ALTOS VUELOS

Ir al espacio no es algo que alguien hace solo. Miles de personas trabajaron en los programas espaciales. Algunas viajaron al espacio. Otras trabajaron en la Tierra para diseñar los transbordadores. Buscaban la forma más segura de explorar el sistema solar. La URSS y los Estados Unidos necesitaban ingenieros para diseñar las naves espaciales. También necesitaban personas que las pilotaran. En los Estados Unidos, estos viajeros del espacio se llamaron *astronautas*. En la URSS se les conocía como **cosmonautas**.

PERROS EN EL ESPACIO

Laika puede haber sido el perro más valiente del mundo... o del sistema solar. Fue el primer ser vivo que orbitó en torno a la Tierra. Los soviéticos la enviaron en 1957. Pero murió durante el viaje. Los primeros perros que orbitaron alrededor de la Tierra y regresaron sanos y salvos fueron Strelka y Belka. Fueron enviados al espacio en 1960 y regresaron en paracaídas.

EL PRIMER HUMANO EN EL ESPACIO

¿Qué sintió el primer hombre que fue al espacio 10 segundos antes del lanzamiento? ¿Tuvo miedo? Ningún humano había estado en el espacio antes. ¿Se preguntaba si moriría?

Yuri Gagarin fue el primer humano en el espacio. Los soviéticos lo enviaron con éxito al espacio en la cápsula *Vostok 1* el 12 de abril de 1961. Tras orbitar en torno al planeta una vez, fue expulsado de la nave y cayó en paracaídas de regreso a la Tierra. Pasó 108 minutos en el espacio.

¡Se han enviado al espacio ratas, monos, ranas, arañas, salamandras y abejas!

LOS COSMONAUTAS

   ¿Qué se necesita para ser cosmonauta? Los primeros cosmonautas masculinos fueron pilotos militares. Valentina Tereshkova fue la primera mujer en el espacio. Antes de eso, trabajaba en una fábrica. Pero le gustaban las aventuras. Esta es una cualidad importante en quienes son lanzados al espacio. En la URSS, miles de personas se inscribieron para ser las primeras en ir al espacio. Se seleccionó a veinte para las pruebas. Realizaron pruebas físicas y psicológicas. Sobre todas las cosas, debían mantener la calma en situaciones de estrés. Se eligió a Yuri Gagarin porque mantuvo la calma durante todas las pruebas.

los cosmonautas Gagarin y Tereshkova

LA MODA ESPACIAL

Los astronautas visten trajes que los protegen de las temperaturas extremas del espacio. Los trajes tienen sistemas de soporte vital incorporados y protegen del polvo espacial.

Noril'sk

birsk

RUSIA

Krasnoyarsk

Yakutsk

Urumqi

M

POR SI ACASO

Rusia, anteriormente parte de la URSS, es un país grande con muchas zonas deshabitadas. En estos lugares habitan lobos, osos y otros animales. Cada cosmonauta recibió un cuchillo de caza para llevar consigo por si la cápsula aterrizaba en alguna zona poblada por estas criaturas salvajes.

CHIN

LAS PERSONAS INDICADAS

En los Estados Unidos, los primeros siete astronautas fueron pilotos militares. Antes de ir al espacio, su trabajo era poner a prueba los aviones nuevos. Tuvieron que pasar por muchos entrenamientos y pruebas. Nadie sabía con certeza cómo sería el espacio. La NASA quería que los astronautas estuvieran preparados para cualquier cosa. Los astronautas tenían que ser capaces de pilotear máquinas complicadas. Debían mantener la calma en situaciones complicadas. También se puso a prueba la condición física de los astronautas. Se les podía pedir que acataran órdenes difíciles.

los primeros siete astronautas de la NASA

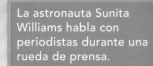
La astronauta Sunita Williams habla con periodistas durante una rueda de prensa.

EL ENTRENAMIENTO DE UN HÉROE

Los astronautas no solo pilotean naves espaciales. También son héroes nacionales. Deben aprender a responder a las preguntas de los periodistas. El Gobierno no quiere que digan nada que deje en mal lugar al programa espacial.

¿QUÉ SUCEDIÓ CON...?

Muchos astronautas tuvieron carreras profesionales impresionantes tras regresar del espacio. John Glenn, el primer estadounidense en orbitar alrededor de la Tierra, se convirtió en senador de los Estados Unidos. Doce años después de su primer viaje a la Luna en 1969, Alan Bean se convirtió en artista. Muchos astronautas se quedaron en el programa espacial para enseñar a los nuevos tripulantes. Otros se convirtieron en líderes empresariales o profesores.

¡MÁS EN PROFUNDIDAD!

¿TIENES LO QUE SE NECESITA?

Menos de 1,000 personas han sido elegidas para ser astronautas. Los astronautas deben tener las habilidades y la personalidad adecuadas para el trabajo. Usa este cuestionario para saber si tienes lo que hace falta para el trabajo. Anota un punto cada vez que respondas que *sí* a las preguntas que aparecen a continuación. Si alcanzas un puntaje de tres o más, ¡estás en la senda correcta para convertirte en astronauta! Si no, ¡no te preocupes! Todavía tienes mucho tiempo para prepararte.

¡Comienza aquí!

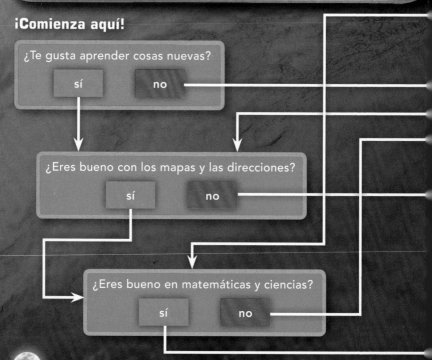

¿Te gusta aprender cosas nuevas?

sí   no

¿Eres bueno con los mapas y las direcciones?

sí   no

¿Eres bueno en matemáticas y ciencias?

sí   no

22

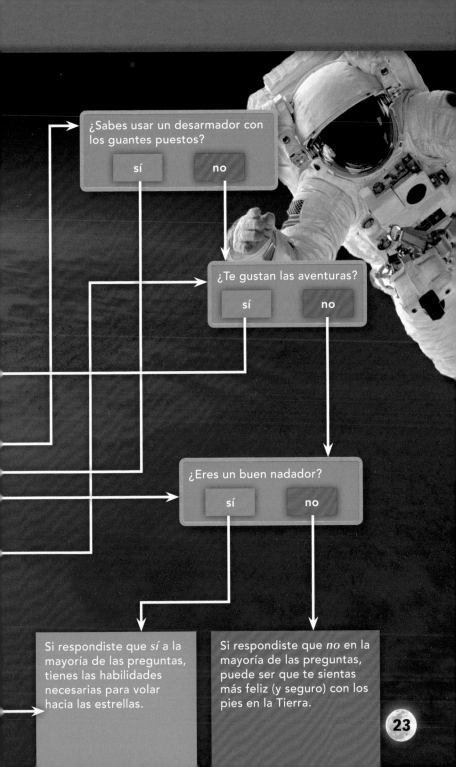

¿Sabes usar un desarmador con los guantes puestos?

sí   no

¿Te gustan las aventuras?

sí   no

¿Eres un buen nadador?

sí   no

Si respondiste que *sí* a la mayoría de las preguntas, tienes las habilidades necesarias para volar hacia las estrellas.

Si respondiste que *no* en la mayoría de las preguntas, puede ser que te sientas más feliz (y seguro) con los pies en la Tierra.

23

GRANDES MENTES

Los programas espaciales necesitan a personas con una gran variedad de habilidades. Los equipos de ingenieros diseñaron las naves espaciales. Wernher Von Braun lideró al equipo de los Estados Unidos. Había diseñado cohetes para Alemania durante la Segunda Guerra Mundial. Pero su verdadera vocación era explorar el espacio. Estuvo al frente del programa espacial de los Estados Unidos hasta 1970. En la URSS, el ingeniero jefe fue Sergei Koroloyov. Era un ingeniero brillante. Trabajó con cohetes desde la década de 1930 hasta su muerte, en 1966.

LOS DIARIOS DE MISHIN

El programa espacial soviético se mantuvo en secreto. Pero un hombre escribió un diario en el que habló de su trabajo. Vasily Mishin era uno de los ayudantes de Koroloyov. Su diario proporciona información reveladora sobre las personas que trabajaron en el proyecto y nos permite conocer sus secretos muchos años más tarde.

Mishin (izquierda) con otros científicos soviéticos

VON BRAUN Y DISNEY

Wernher Von Braun y Walt Disney trabajaron juntos en tres películas educativas acerca del espacio. Von Braun quería que el público se entusiasmara con la exploración espacial. Pensó que Disney podría ayudar.

La URSS mantuvo la identidad de Sergei Koroloyov en secreto hasta el momento de su muerte.

DESASTRES

Los primeros programas espaciales eran peligrosos. Los equipos trabajaban bajo mucha presión. Querían ser los primeros en algo que nadie había intentado. Ambos países tuvieron muchos contratiempos y pérdidas desgarradoras. Pero siguieron trabajando para alcanzar su objetivo. Los soviéticos esperaban que su *cohete N1* pudiera llevar a las personas a la Luna. Pero, el 3 de julio de 1969, el cohete explotó en la plataforma de lanzamiento. Esta fue una de las explosiones más grandes de la historia. Destruyó la plataforma de lanzamiento. Tras esta pérdida, el equipo de los Estados Unidos pudo vencer a los soviéticos y llegar a la Luna.

27 de enero de 1967
La tripulación del Apolo 1 murió cuando un incendio se propagó por su cápsula espacial. Estaban ensayando procedimientos de lanzamiento.

23 de marzo de 1961
Valentin Bondarenko murió en un incendio mientras realizaba su entrenamiento.

Convertirse en astronauta es peligroso. Entonces, ¿por qué crees que tantas personas se inscriben para el puesto?

24 de abril de 1967
Vladimir Komarov murió porque el paracaídas de su cápsula espacial no se abrió al reingresar en la atmósfera terrestre.

27 de marzo de 1968
Yuri Gagarin, el primer hombre en ir al espacio, murió en un choque durante un entrenamiento.

29 de junio de 1971
La tripulación del *Soyuz 11* murió al abrirse una válvula en su nave mientras regresaban a la Tierra. Todo el oxígeno se perdió en el espacio y ellos murieron asfixiados.

UN TRABAJO PELIGROSO

Aunque ahora es poco frecuente, algunas personas mueren en las misiones espaciales. El 28 de enero de 1986, el **transbordador espacial** *Challenger* explotó. Los siete astronautas que estaban a bordo murieron. El 1 de febrero de 2003 ocurrió otra tragedia. El transbordador *Columbia* se desintegró. Nuevamente, todos los tripulantes murieron.

Siempre es arriesgado ir al espacio. ¿Por qué se sigue haciendo? Algunos astronautas realizan el entrenamiento para ganarse el respeto de otros. Otros quieren aprender acerca del espacio. Quieren ayudarnos a descubrir qué es lo que hay allí afuera. Cada persona tiene sus motivos. Y cada motivo es noble de una forma u otra.

BASSETT, CHARLES A.
BELYAYEV, PAVEL
CHAFFEE, ROGER
DOBROVOLSKY, GE
FREEMAN, THEODO
GAGARIN, YURI
GIVENS, EDWARD
GRISSOM, VIRGIL
KOMAROV, VLADIMIR
PATSAYEV, VIKTOR
SEE, ELLIOT. M. JR.
VOLKOV, VLADISLAV N.
WHITE, EDWARD H. II
WILLIAMS, CLIFTON C. JR.

MONUMENTOS LUNARES

En su visita a la Luna, la tripulación del Apolo 15 dejó un pequeño monumento a los astronautas y cosmonautas que perdieron la vida.

UNA MAESTRA EN EL ESPACIO

Christa McAuliffe fue uno de los miembros de la tripulación del *Challenger*. Iba a ser la primera maestra en ir el espacio. La NASA la eligió para lograr que los niños y los maestros se interesaran más por la exploración espacial.

EL APOLO 13

Se creía que el Apolo 13 iba a llegar a la Luna. Pero nunca lo logró. Un tanque de oxígeno explotó en el espacio. "Houston, tenemos un problema", informó tranquilamente el astronauta John Swigert. Fue un desastre. Pero los astronautas trabajaron con las personas que estaban en la Tierra. Se concentraron en resolver el problema y toda la tripulación pudo regresar a casa sana y salva. Este es un ejemplo de por qué la NASA busca a personas que puedan trabajar bien en un momento de crisis.

HACIA LA LUNA

Al llegar a la Luna, se produjo un cambio en la forma en que los humanos veían a la Tierra. Desde el suelo, el planeta parece ser grande. Pero, desde el espacio, la Tierra parece una gran canica azul. Y las canicas —incluso las que son grandes— no son tan grandes si las comparamos con todo lo demás. Ver la Tierra desde tan lejos causó un profundo impacto en los astronautas. Al mirar la Tierra desde el espacio, se sintieron conectados con el universo de una forma que nunca habían sentido en la Tierra. Pudieron ver cuán pequeño y precioso es nuestro planeta. Esta comprensión de la Tierra se llama **efecto de la visión general**. Los psicólogos de la NASA usaron la expresión **euforia espacial** para describirla.

huella de un astronauta en la Luna

"La Tierra nos hacía pensar en un adorno de un árbol de Navidad colgado en la negrura del espacio. A medida que nos alejábamos, su tamaño disminuía. Finalmente, se redujo al tamaño de una canica, la canica más hermosa que uno pueda imaginar. Este hermoso objeto, cálido y vivo, parecía tan frágil, tan delicado, como si al tocarlo con el dedo fuese a desmoronarse. Esta visión no puede sino cambiar a un hombre...."

—James Irwin, astronauta

LA SALIDA DE LA TIERRA

Los astronautas del Apolo 8 fueron los primeros en orbitar alrededor de la Luna. Todos habían visto muchos amaneceres en la Tierra. Pero en el espacio vieron algo nuevo. Vieron la **salida de la Tierra**. La salida de la Tierra ocurre cuando la Tierra se vuelve visible sobre la línea del horizonte de la Luna.

ESTAR ALLÍ

Muchas de las misiones espaciales proyectadas para el futuro usarán robots en lugar de personas. ¿Por qué crees que se prefieren los robots a los humanos para los futuros viajes al espacio? ¿Crees que se perderá algo si los humanos no realizan el viaje?

NASA

DARPA

un robonauta construido para ayudar a los humanos a explorar el espacio

Jim Lovell, William Anders y Frank Borman, de la tripulación de Apolo 8 (de izquierda a derecha)

EARTHRISE, LA FOTO

Earthrise (salida de la Tierra) es el nombre de la famosa fotografía de la Tierra saliendo por encima de la Luna. La siguiente conversación tuvo lugar entre los astronautas Frank Borman y William Anders justo antes de tomar la fotografía. En ese momento no existían las cámaras digitales. Las cámaras usaban rollos de película.

Borman: ¡Mira esa imagen de allí! Es la Tierra saliendo por el horizonte. Caramba, ¡qué hermoso!

Anders: Oye, no saques esa foto, no está en nuestros planes.

Borman: (riendo) ¿Tienes un rollo de color, Jim?

Anders: Pásame aquel rollo de color rápido, por favor...

EL EAGLE HA ALUNIZADO

El 16 de julio de 1969, Neil Armstrong, Buzz Aldrin y Michael Collins se abrocharon los cinturones en el *Saturno V*. Estaban a punto de hacer historia. Se trataba de la misión espacial del Apolo 11 y su cohete los llevaría a la Luna.

Cuatro días más tarde, Aldrin y Armstrong subieron al **módulo** lunar Eagle. Se dirigieron a un sitio de la Luna conocido como el Mar de la Tranquilidad. Enviaron un mensaje de radio que decía: "Houston, aquí Base Tranquilidad. El Eagle ha alunizado". En la Tierra, el equipo gritó de alegría. ¡Habían logrado llegar a la Luna!

LO LOGRARON POR POCO

Quedaban solo 30 segundos de combustible en el Eagle cuando Armstrong descendió en la Luna. Si le hubiera tomado unos pocos segundos más, habrían tenido que abortar el alunizaje. en la Luna.

Neil Armstrong

LA TRIPULACIÓN SUPLENTE

Los actores tienen suplentes en caso de que no puedan actuar. Los astronautas del Apolo tenían tripulantes de reemplazo por la misma razón. Estos astronautas se entrenaron de la misma forma que la tripulación principal. Tenían que estar listos para actuar si se les necesitaba. Trabajaron tanto como la tripulación principal, pero ninguno de ellos logró ir a la Luna aquel verano.

EN EL MOMENTO JUSTO

Llegar a la Luna no fue una tarea fácil. Cada parte del viaje se planificó y diagramó con anterioridad. Los astronautas sabían por anticipado qué ocurriría en todo momento. Y el cálculo del tiempo tenía que ser perfecto. Un mal cálculo podría causar un error **catastrófico**. Cada pieza del equipo y cada persona tenían que estar en el lugar correcto en el momento correcto. Si hubieran cometido un error, podrían no haber llegado a su destino. Y tampoco habrían tenido suficiente combustible para regresar.

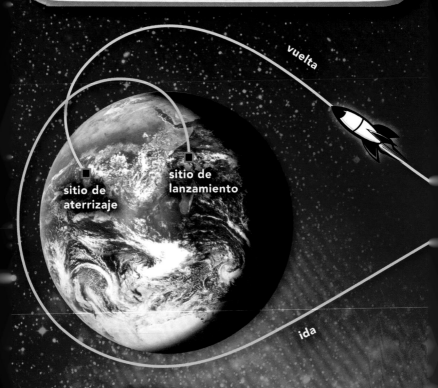

vuelta

sitio de lanzamiento

sitio de aterrizaje

ida

la Tierra

¡ALTO! PIENSA...

- ¿Por qué hay partes de la Tierra y de la Luna en la oscuridad?

- ¿Cuál es la diferencia entre las líneas amarillas y las azules?

- ¿Por qué las ubicaciones de lanzamiento en la Tierra y aterrizaje son diferentes?

sitio de lanzamiento

sitio de alunizaje

la Luna

EN EL ASIENTO DEL PILOTO

La nave espacial que fue a la Luna no volvió entera. La mayor parte de la nave se quedó en el espacio. Se había construido en secciones. Cada sección desempeñaba un importante papel en la misión. Una vez que se había usado, esa parte de la nave ya no era necesaria. La única parte que regresó con los astronautas fue el pequeño módulo de mando.

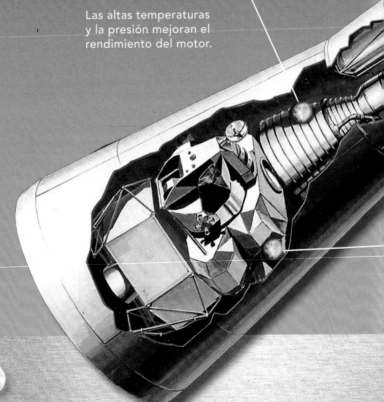

Motor

Las altas temperaturas y la presión mejoran el rendimiento del motor.

Anatomía de un cohete lunar

Sistema de escape para el lanzamiento

En caso de emergencia, este cohete montado en la parte superior permite a la tripulación escapar del resto del cohete rápidamente.

Módulo de mando

Los astronautas vivían en el módulo de mando. Esta fue la sección que los llevó de regreso a la Tierra.

Módulo de servicio

El módulo de servicio llevaba el alimento, el combustible, el oxígeno y los suministros de los astronautas. Permaneció junto al módulo de mando hasta que ya no fue necesario. Luego se quemó en la atmósfera. Los módulos de mando y servicio orbitaron en torno a la Luna pero no fueron a la superficie.

Módulo lunar

El módulo lunar estaba diseñado para alunizar en la Luna. Tenía dos partes. La sección de aterrizaje se quedó en la Luna cuando los astronautas se fueron. La sección superior voló de regreso hacia el resto de la nave.

CAMINATA LUNAR

El 20 de julio de 1969, Neil Armstrong se convirtió en la primera persona que pisó la Luna. En la Tierra, 500 millones de personas lo vieron. Los astronautas salían por televisión. ¡Era algo conmovedor! Armstrong anunció: "Es un pequeño paso para el hombre, pero un gran salto para la humanidad". Entre 1969 y 1972 hubo seis misiones exitosas a la Luna. En total, 12 personas caminaron en la superficie de la Luna.

VERLO DESDE CASA

Imagina que estás sentado/a en la sala de estar con tu familia viendo a Neil Armstrong pisar la superficie de la Luna por primera vez. ¿Cómo te sentirías? Muchas personas se sintieron inspiradas. Estaban sorprendidas de lo que los seres humanos eran capaces de lograr. Y comenzaron a soñar sobre lo que vendría después.

PLACA EN LA LUNA

La tripulación de Apolo 11 dejó una placa en el sitio donde alunizaron. Dice:

AQUÍ LOS HOMBRES DEL PLANETA TIERRA PISARON LA SUPERFICIE DE LA LUNA POR PRIMERA VEZ
JULIO de 1969 d. C. VINIMOS EN SON DE PAZ POR TODA LA HUMANIDAD

EL HOMBRE EN LA LUNA

La mayoría de las culturas tienen historias que explican la apariencia de la Luna. Algunas culturas pensaban que las manchas oscuras eran océanos de la Luna. Otras pensaban que la Luna parecía un rostro. Las personas de todo el mundo han afirmado que ven el perfil de una mujer tejiendo, un cangrejo y un hombre leyendo debajo de un árbol. En Asia se dice con frecuencia que hay un conejo viviendo en la Luna. ¿Tú también ves imágenes en la Luna?

Las partes más antiguas de la Luna son las zonas de color claro. Se formaron a partir del enfriamiento del **magma**.

Las zonas de color claro tienen cráteres y cuencas.

¿Qué ves
en la Luna?

¿un conejo?

¿un cangrejo?

¿una mujer tejiendo?

Las zonas oscuras son un tipo de roca volcánica llamada *basalto*.

Los cráteres se formaron a partir de grandes objetos que se estrellaron en la superficie lunar.

EXPLORAR LA LUNA

A lo largo de la historia, las personas han explorado nuevas tierras. No tenían ni idea de lo que podían encontrar. Pero querían conocer más acerca de estos lugares. Lo mismo ocurre con los astronautas, los cuales son, quizá, los exploradores más grandes de la historia. No tenían ni idea de lo que podían encontrar en el espacio. Pero sabían que querían aprender tanto como les fuera posible.

La Luna está plagada de restos de experimentos. Los equipos descartados provenientes de la Tierra todavía permanecen allí. Allí quedaron banderas, módulos lunares y sondas espaciales. Algunos astronautas dejaron **recuerdos**. Una de las herramientas más útiles que los astronautas dejaron en la Luna fue un reflector láser. Los científicos de la Tierra pueden emitir un rayo láser hacia el reflector. Luego, miden cuánto tiempo tarda la luz en rebotar. Mediante el reflector, descubrieron que la Luna se está alejando de la Tierra. Se mueve lentamente, a un ritmo de 1.5 pulgadas por año.

CONTROL DE ADUANAS

Cuando los astronautas del Apolo 11 regresaron a los Estados Unidos, tuvieron que firmar los documentos de **aduana** que describían qué traían de la Luna. El formulario indica que su mercancía contenía "rocas lunares y muestras de polvo lunar" y está firmado por los tres astronautas.

Una impresión duradera

El astronauta de Apolo 16 Charles Duke dejó una foto de su familia y una medalla en una bolsa de plástico sobre la superficie de la Luna. Los astronautas también tomaron muestras de rocas y del suelo de la Luna. Las trajeron de regreso para que los científicos pudieran estudiarlas.

¿Y AHORA QUÉ?

Los primeros viajes a la Luna solo fueron el comienzo. El universo es vasto. Todavía hay mucho que aprender y explorar. Nunca hubo problemas para pensar nuevas cosas que intentar. El único problema fue decidir qué cosas probar a continuación.

ATASCO

En este momento hay alrededor de 8,000 satélites girando en torno a la Tierra. La mayoría son satélites "muertos" o escombros. Pero cerca de 560 de ellos están **operativos**.

el satélite ruso
GLONASS

LA ERA DE LOS SATÉLITES

El Sputnik 1 dio inicio a la carrera espacial. Pero fue solo el primero de miles de satélites lanzados para orbitar alrededor de la Tierra. Hoy en día, los satélites nos permiten hacer llamadas telefónicas a casi todas las partes de la Tierra. Permiten hacer un seguimiento del clima y realizar investigaciones. Ayudan a las personas de la Tierra a desplazarse en automóviles, aviones y barcos.

¿QUÉ FUE LO QUE HIZO EL SPUTNIK?

El Sputnik 1 no hizo mucho. Principalmente envió una onda de radio. Aquí en la Tierra, sonó como un simple "Pip".

el Sputnik 1

LOS TRANSBORDADORES ESPACIALES

En las películas, las personas generalmente despegan y aterrizan en los planetas usando la misma nave. Cuando se lanzó el transbordador espacial *Columbia* el 12 de abril de 1981, la ciencia ficción se volvió un hecho científico. Los transbordadores espaciales podían ir al espacio y regresar. Antes de eso, cada misión necesitaba una nave espacial diferente. Los transbordadores se usaron para lanzar satélites. Transportaban las piezas al espacio para crear una **estación espacial**. Y permitían a los científicos hacer muchas investigaciones.

LA VIDA DEL TRANSBORDADOR ESPACIAL *ATLANTIS*

Cantidad de misiones: 33

Tiempo pasado en el espacio:
306 días 14 horas 12 minutos 43 segundos

Primer vuelo:
3 de octubre de 1985

Último vuelo:
8 de julio de 2011

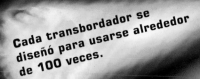
Cada transbordador se diseñó para usarse alrededor de 100 veces.

TODO LO BUENO SE TERMINA

Tras 30 años, el programa de los transbordadores espaciales se terminó. La misión final fue realizada por el transbordador *Atlantis* en julio de 2011.

LAS ESTACIONES ESPACIALES

    Las estaciones espaciales son satélites grandes. Permiten a los astronautas vivir y trabajar en el espacio durante largos períodos de tiempo. Esto permite a los científicos realizar experimentos que llevan más tiempo. Los astronautas incluso realizan pruebas sobre sí mismos. Los médicos estudian sus **signos vitales** para ver cómo sobreviven los humanos en el espacio. Las estaciones espaciales generalmente se envían al espacio en piezas. Luego estas piezas se ensamblan. Muchos países colaboran en las estaciones espaciales que orbitan alrededor de la Tierra.

Los científicos estadounidenses y rusos trabajan juntos en la Estación Espacial Internacional (EEI).

La Estación Espacial Internacional gira alrededor de la Tierra cada 90 minutos.

REUNIRSE

La EEI es la novena estación espacial que se construyó. Los astronautas y los cosmonautas de 15 naciones han vivido en la EEI.

DENTRO DE LA EEI

La Estación Espacial Internacional es la nave espacial más grande que se ha construido hasta el momento. También es la más costosa. La NASA trabajó con varios países de todo el mundo para construirla. En la nave pueden vivir hasta seis científicos al mismo tiempo. Hasta la fecha, la estación ha estado habitada por al menos 1 ser humano durante los últimos 11 años.

INODOROS ESPACIALES

En el espacio incluso las necesidades básicas deben analizarse detenidamente. Las personas no pueden simplemente sentarse en un inodoro. No hay gravedad, por lo que ellas (¡y sus desechos!) quedarían flotando en el aire. Los inodoros de la estación espacial tienen una barra que mantiene a los astronautas sujetos en su sitio. ¡Y utilizan la succión para asegurarse de que todo lo demás vaya adonde debe ir!

Fue necesario el trabajo conjunto de más de 15 países para construir la estación espacial. Observa el diagrama para ver cuándo y dónde se construyó cada pieza.

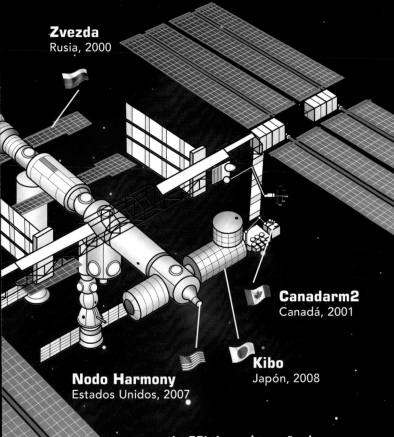

Zvezda
Rusia, 2000

Canadarm2
Canadá, 2001

Kibo
Japón, 2008

Nodo Harmony
Estados Unidos, 2007

La EEI tiene el tamaño de un campo de fútbol y pesa 861,804 libras. Tiene más espacio que una casa con 5 habitaciones e incluye dos baños, un gimnasio y los laboratorios.

ESTACIONES ESPECTACULARES

La primera estación espacial fue Salyut 1, de la Unión Soviética. Se lanzó en 1971. La primera estación espacial estadounidense fue Skylab. También fue la nave más grande en ser puesta en órbita. Pero Skylab sufrió daños durante el lanzamiento y solo fue utilizada para tres misiones. En 1986, los rusos lanzaron la Mir. Se usó hasta 2001. China lanzó su primera estación espacial en septiembre de 2011. La Tiangong 1 será la primera de varias secciones. Cuando se coloquen todas las piezas, múltiples naves espaciales podrán atracar al mismo tiempo.

VIGILANCIA EN EL CIELO

Los científicos usan las estaciones espaciales para estudiar nuestro planeta de formas que no son posibles en otros lugares.

El cultivo de cristales en gravedad cero puede llevar al desarrollo de computadoras más rápidas o de nuevas formas de lucha contra las enfermedades.

Los telescopios registran los cambios en el clima de la Tierra y estudian la visión global.

Las estaciones espaciales son lugares fantásticos para probar cómo cultivar alimentos para los futuros exploradores del espacio.

Muchos estudios observan cómo los humanos lidian con el hecho de estar solos en un espacio reducido durante largos períodos de tiempo.

UN GRAN SALTO

El siglo xx llevó a la humanidad a dar un "gran salto" en la exploración espacial. La carrera espacial nos hizo trabajar mucho, aprender más y llegar a la Luna sin importar lo que costara. Se hicieron sacrificios, se perdieron vidas de humanos y animales, pero nuestra meta de comprender y explorar el espacio siguió siendo firme. La exploración espacial del siglo xx puede haber comenzado como una brutal carrera espacial. Pero finalmente las naciones del mundo aprendieron a trabajar juntas. Nuestra historia en el espacio es breve, pero está marcada por sorprendentes avances. ¿Qué lograremos a continuación? ¡Solo el tiempo lo dirá!

12 de abril de 1961

Yuri Gagarin se convierte en el primer hombre en viajar al espacio.

25 de mayo de 1961

El presidente Kennedy pide a Estados Unidos que lleven al hombre a la Luna en el lapso de una década.

4 de octubre de 1957

Los soviéticos lanzan el Sputnik 1, el primer satélite artificial de la Tierra.

20 de julio de 1969

El módulo lunar
Eagle aluniza en
la Luna.

21 de julio de 1969

Neil Armstrong
se convierte en el
primer ser humano en
pisar la Luna.

16 de junio de 1963

Valentina
Tereshkova se convierte
en la primera mujer en
viajar al espacio.

19 de abril de 1971

La URSS lanza
la Salyut 1, la primera
estación espacial
del mundo.

12 de abril de 1981

El *Columbia*, el
primer transbordador
reutilizable, aterriza de
forma segura.

GLOSARIO

aduana: agencia o procedimiento gubernamental para recaudar impuestos derivados de traer bienes al país o sacarlos de él

asesinado: matado (un miembro del gobierno u otra figura pública)

astronautas: viajeros del espacio estadounidenses, también se usa en general

carrera espacial: competencia por ser el primer país en realizar logros en la exploración espacial

catastrófico: desastroso

cohetes: naves espaciales propulsadas por un motor cohete con los gases que se liberan al quemar combustible

cosmonautas: viajeros del espacio de la URSS o Rusia

efecto de la visión general: cambio en la actitud de las personas cuando vieron la Tierra desde el espacio por primera vez

estación espacial: gran satélite donde viven los científicos durante varios meses

euforia espacial: sentimiento de felicidad y conexión con la Tierra y sus habitantes causado al ver nuestro plantea desde el espacio exterior

Guerra Fría: período entre 1945 y 1991, cuando la URSS y los Estados Unidos eran enemigos pero no luchaban abiertamente

magma: fluido caliente bajo o dentro de la corteza de un planeta o una Luna

misiles: objetos que se arrojan, disparan o lanzan para alcanzar un objetivo lejano

módulo: pieza completa que forma parte de una estructura más grande

operativos: capaces de funcionar

recuerdos: objetos que se guardan para recordar el pasado

salida de la Tierra: imagen de la Tierra saliendo sobre el horizonte de la Luna

satélite: objeto que orbita en torno a la Tierra

signos vitales: el pulso, la temperatura corporal, el número de inspiraciones por minuto y la tensión arterial de una persona

transbordador espacial: tipo de nave espacial que puede volver a la Tierra y reutilizarse

Unión de Repúblicas Socialistas Soviéticas (URSS): antiguo grupo de 15 repúblicas de Europa y Asia, que ahora son países independientes

Unión Soviética: país que existió en Europa y Asia de 1917 a 1991; también conocido como la URSS

ÍNDICE

BIBLIOGRAFÍA

Adamson, Thomas K., *The First Moon Landing.*
Capstone Press, 2007.

Esta novela gráfica cuenta la historia de la misión del Apolo 11.
Incluye una conversación real de un astronauta con el centro de
control, un mapa de los alunizajes e ilustraciones divertidas.

Aldrin, Buzz. *Reaching for the Moon.* **Perfection**
Learning, 2008.

El astronauta Buzz Aldrin cuenta la historia de su viaje histórico
a la Luna. Su travesía comienza antes de convertirse en un
astronauta, cuando era pequeño. Aprende más acerca de Aldrin, sus
sueños y cómo se volvieron realidad.

Starke, John. *High Definition 3D Space.* **Sterling, 2009.**

¡Prepárate para despegar hacia el espacio! Pilotearás el
transbordador espacial, alunizarás en la Luna, visitarás una estación
espacial y mucho más. ¡Con tus anteojos 3-D experimentarás el
espacio exterior como nunca antes! No olvides responder a las
preguntas después de tu misión.

Wolfe, Hillary. *Blast Off to Space Camp.*
Teacher Created Materials, 2011.

Descubre si tienes lo que se necesita para ser astronauta. Descubre
cómo es el entrenamiento para una misión espacial, qué se siente
al vestir un traje de vuelo y experimenta la vida en gravedad cero
mientras aprendes acerca del campamento espacial de la NASA,
famoso en todo el mundo.

MÁS PARA EXPLORAR

We Choose the Moon

http://www.wechoosethemoon.org

Haz clic en *Launch* para escuchar grabaciones reales del centro de control mientras ves cómo despega el Apolo 11. Cada tramo del viaje tiene fotos, videos y audio de este lanzamiento histórico.

Walking on the Moon

http://www.smithsonianeducation.org/idealabs/walking_on_the_moon /index.html

¿Qué hizo falta para enviar a las personas a la Luna? ¿Cuáles fueron los peligros? ¿Quiénes fueron los astronautas que pisaron la Luna por primera vez? Todas estas preguntas y más se responderán cuando revivas la misión.

El Apolo 11

http://www.nasa.gov/externalflash/apollo11_landing

Este video muestra el primer módulo lunar con tripulantes que alunizó en la Luna. Escucharás un audio original de la misión durante el video. También podrás ver la grabación filmada del lanzamiento del Apolo 11 y una vista de 360º de la superficie del sitio de alunizaje mientras escuchas la transcripción de la anécdota.

Facts About the Moon

http://www.woodlands-junior.kent.sch.uk/time/moon/facts.htm

Aprende más acerca de la Luna de la Tierra. Desde su efecto en las mareas hasta las fases de la Luna, este sitio tiene mucha información. También encontrarás consejos para observar la Luna a medida que pasa por sus diferentes fases.

Stephanie Paris se crió en California. Recibió su licenciatura en psicología en UC Santa Cruz y sus credenciales de docente en CSU San José. Ha sido docente de aula de la escuela primaria, docente de computación y tecnología de la escuela primaria, madre que imparte educación en el hogar, activista educativa, autora educativa, diseñadora web, *blogger* y líder de las *Girl Scouts*. La señora Paris actualmente vive con su esposo y dos hijos en Alemania, donde disfruta observando la Luna.

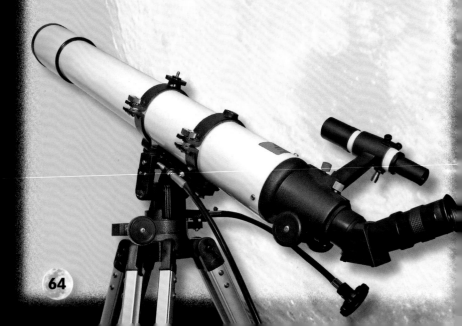